Reiseführer Dresden

Urlaub im Florenz des Nordens

von

Stefan Wahle

Impressum

© 2022 Copyright by Stefan Wahle, Berlin
1. Auflage 2022

Herausgeber: „Buch Guru Media"®

Texte: Stefan Wahle
Fotos + Umschlaggestaltung: Stefan Wahle, Berlin

E-Mail: info@sw-reisebuch.de
Internetseiten: www.sw-reisebuch.de und www.buch.guru

Fan-Page zum Buch bei Facebook:
http://www.facebook.com/dresden.urlaub

Herstellung und Verlag:
BoD – Books on Demand, Norderstedt

ISBN: 978-3-7568-3830-1

Inhaltsverzeichnis

Reiseführer des Autorenteams Wahle gibt es zurzeit zu den Reisezielen Cala Ratjada (Mallorca), Palma de Mallorca, Dénia (Costa Blanca) und Travemünde (Ostsee):

www.sw-reisebuch.de

Sonstige Bücher:

www.buch.guru

Reiseberichte:

www.reise-blog-wahle.de

1.   Vorwort

„Der Ort"

Fangen wir mit ein paar Basisinformationen an, wie sie in jeden Reiseführer gehören, denn Reisen soll ja auch bilden:

Dresden hat ca. 560.000 Einwohner und ist die Landeshauptstadt des Freistaates Sachsen. Sie ist nach Leipzig die zweitgrößte Kommune des Bundeslandes und umfasst eine Fläche von rund 329 Quadratkilometern.

Dresden liegt an der Elbe und verfügt über eine Vielzahl von Sehenswürdigkeiten, auf deren persönliche Highlights ich in diesem Reiseführer mit meinen Erfahrungsberichten eingehen werde. Die Elbe fließt mit einer Länge von 30 Kilometern mitten durch die Stadt und unterteilt sie in die Altstadt und die Neustadt. Auf dem Stadtgebiet gibt es noch die beiden im Osterzgebirge entspringenden linken Nebenflüsse Lockwitzbach und Weißeritz sowie die rechts zufließende Prießnitz.

Es gibt archäologische Hinweise, dass bereits in der Steinzeit hier eine Besiedlung stattgefunden hat. Urkundlich wurde Dresden im Jahre 1206 erstmals erwähnt. Sie war Residenzstadt des Kurfürsten und später des Königs. Als Hauptstadt des Freistaates Sachsen fungierte sie in den Jahren 1918 bis 1933 sowie ab 1990 wieder. In der Zeit der DDR von 1952 bis 1990 war Dresden Bezirkshauptstadt. „Dresden" leitet sich vom altsorbischen Drežďany ab und deutet auf eine ursprünglich slawische Besiedlung hin.

Hier die geschichtlichen Schlaglichter in der Kurzübersicht:

- Jungsteinzeit: erste Siedlungen im Raum Dresden,
- 31.03.1206 erste urkundliche Erwähnung,
- ab 29.03.1549 bilden die links- und rechtsliegenden Teile der Stadt eine Einheit unter Kurfürst Moritz,
- 1632 Pest und Hungersnot stören die wirtschaftliche Entwicklung,
- 1685 Altendresden brannte komplett ab und wurde danach bis 1732 als „Neue Königliche Stadt" wieder aufgebaut (daher der Name Neustadt),
- 27.04.1694 bis 01.02.1733 regiert August der Starke als Friedrich August I. als Kurfürst von Sachsen, geprägt durch den Dresdner Barock und rauschende Hoffeste,
- Dezember 1745 Eroberung durch Preußen,
- 1813 Befreiungskriege gegen Napoleon,
- 1944-45 durch Luftangriffe der Briten und Amerikaner werden weite Teile des Stadtgebietes schwer beschädigt,
- 1952-90 Hauptstadt des Bezirks Dresden in der DDR,
- 1990 nach der Wiedervereinigung Hauptstadt des Freistaates Sachsen.

In meinen weiteren Ausführungen werde ich zunächst darauf eingehen, auf welchen Wegen man die Stadt erreichen kann.

Dann werde ich einige ausgewählte Hotels beschreiben, die ich selber während meiner diversen Aufenthalte getestet und für gut befunden habe.

Ich habe diverse Sehenswürdigkeiten besucht und stelle hier meine persönlichen Highlights in Wort und Bild vor.

Natürlich gehören ebenso gutes Essen und Trinken zu einer gelungenen Reise dazu und so habe ich auch hier bei meinem Streifzug durch die Stadt einige Lokale ausprobiert und lasse Sie an meinen gemachten Erfahrungen teilhaben.

2. Anreise

Dresden verfügt über zwei Fernbahnhöfe, einen internationalen Flughafen, drei Autobahnen und einen Binnenhafen und ist damit sehr gut auf allen Wegen erreichbar.

2.1. Zug, Bus

Dresden ist hervorragend angebunden. So bin ich z.B. von Hamburg nach Dresden mit dem EC-Zug Richtung Prag über Berlin in ca. 3,5 Stunden vor Ort gewesen. Es gibt zwei Fernbahnhöfe:
- Dresden Hauptbahnhof,
- Dresden-Neustadt.
www.bahn.de

Zum einen verkehren von den anderen Großstädten Linienbusse (z.B. www.flixbus.de) nach Dresden und zum anderen bieten diverse Reiseveranstalter im Rahmen des Städtetourismus Pauschalreisen mit dem Bus nach Dresden an.

2.2. Auto

Dresden ist über folgende Autobahnen erreichbar:
- von Berlin aus auf der A13,
- von Chemnitz aus auf der A4,
- von Prag aus auf der A17.

2.3. Flugzeug

Der Flughafen Dresden (Flughafencode: DRS) ist ca. 10 km und 20 Minuten Fahrtzeit von der Altstadt entfernt. www.flughafen-dresden.de, Tel. 0351 – 88 133 60

2.4. Schiff

Im Sommer ist auch die partielle Anreise per Schiff auf der Elbe möglich. Von der sächsischen Schweiz, von Diesbar-Seußlitz und Meißen fährt die Sächsische Dampfschifffahrt nach Dresden. www.saechsische-dampfschifffahrt.de, Tel. 0351 – 866 09 40

3. Hotels
3.1. Hilton Hotel an der Frauenkirche

Das Hilton Hotel besticht durch seine zentrale Lage direkt an der Frauenkirche, womit viele Sehenswürdigkeiten unmittelbar zu Fuß erreichbar sind. Der Hauptbahnhof ist ca. 1.8 km entfernt.

Das Frühstücksbüfett ist an Auswahl und Qualität überragend gut.

Zum Hotel gehören diverse Restaurants (in Vor-Corona-Zeiten waren es 12), die den Hotelgästen einen Preisnachlass gewähren und ein reichhaltiges Angebot bereitstellen. Mehr dazu im Abschnitt Lokale in diesem Reiseführer. Der Wellness-/Fitnesscenterbereich mit Sauna und Pool umfasst 1.100 qm. Die 333 Zimmer und Suiten sind klimatisiert und mit TV, Minibar, Bademantel und Hausschuhen und WLAN ausgestattet.

Gäste auf dem Executive Floor genießen kostenfreien Zutritt zur Executive Lounge mit Imbissen und Drinks.

Hunde sind erlaubt, es wird jedoch eine nicht erstattbare Sicherheitsgarantie von 50 EUR pro Aufenthalt berechnet.

Check-in: 15.00 Uhr, Check-out: 12.00 Uhr

An der Frauenkirche 5, 01067 Dresden
Telefon: +49 (0)351 8642-0
E-Mail: info@hiltondresden.com
https://www.hiltonhotels.de/deutschland/hilton-dresden/

1 Zimmer Variation 1 Hilton Hotel, King Size Doppelbett

2 Zimmer Variation 2 Hilton Hotel, zwei Einzelbetten

3.2.   Intercity Hotel am Hauptbahnhof

Das Intercity Hotel liegt direkt am Hauptbahnhof von Dresden. Ab hier können auch diverse Straßenbahnen benutzt werden. Zu Fuß ist man in ca. 30 Minuten durch diverse Fußgängerzonen über den Altmarkt bei der Frauenkirche (immer geradeaus Prager Str., Seestr., Schloßstr., dann nach rechts vorbei am Fürstenzug).

Die gut schallisolierten 162 Zimmer sind hell und freundlich und ich habe mich dort sehr wohlgefühlt. Das WLAN ist kostenlos und ich erhielt für meinen Aufenthalt eine kostenlose Fahrkarte für den ÖPNV in Dresden. Das Frühstücksbüfett war ausreichend.

Öffentliches Parkhaus mit direktem Zugang zum Intercity Hotel Dresden
Kosten: 16,- €/Tag

Check-in: 14:00
Check-out: 12:00

Wiener Platz 8
01069 Dresden
Tel. +49 351 26355-0
https://www.intercityhotel.com/hotels/alle-hotels/deutschland/dresden/intercityhotel-dresden

3 Zimmer Intercity Hotel

4 Bad Intercity Hotel

3.3.   B&B Hotel

Das 2018 renovierte B&B Hotel liegt ca. 45 Gehminuten vom Hauptbahnhof entfernt. In ca. 15 Minuten ist man zu Fuß am Zwinger vorbei am Residenzschloss und damit mitten im Altstadtgeschehen. Wer nicht laufen möchte, kann auch die Straßenbahn benutzen, die quasi direkt vor dem Haus in verschiedene Richtungen fährt.

Die 131 Zimmer sind einfach und funktional eingerichtet, aber relativ ruhig. Nur ein wenig Straßenverkehr ist zu hören. Die Zimmer mit kostenlosem WLAN und Sky-TV haben die üblichen B&B Preise von ca. 60 EUR pro Zimmer.

Das Frühstück mit Büfett kann für 8,50 EUR pro Person dazugebucht werden. Das Hotel hat einen eigenen, kostenpflichtigen Parkplatz. Es kann aber auch das direkt schräg gegenüberliegende Parkhaus verwendet werden. Das Parkhaus kostet 12 EUR am Tag.

Check-in: 14:00
Check-out: 12:00

Weißeritzstr. 10, Tel. 0351 652 36 – 0, E-Mail: dresden@hotelbb.com
https://www.hotel-bb.com/de/hotel/dresden

5 Zimmer B6B Hotel

6 Bad B&B Hotel

3.4. Hotel Leonardo

Das 2008 erbaute 3-Sterne Superior „Leonardo Hotel Dresden Altstadt" mit 162 klimatisierten Zimmern und einem direkt daneben befindlichen Parkhaus (12 Euro pro Tag) liegt nur 10 Gehminuten vom Zwinger entfernt.
Die Zimmer verfügen über einen Fernseher, Tresor, einen Wasserkocher, Dreifachverglasung, Fön, kostenloses WLAN und sind modern eingerichtet.
Die Servicekräfte wurden von uns bei unserem Test im Juni 2022 als sehr kompetent und freundlich wahrgenommen.

Das Frühstück mit Büfett kann für 14,00 EUR pro Person dazugebucht werden.
Das zum Hotel gehörende Restaurant ist seit Corona geschlossen und war bis Juni 2022 noch nicht wieder eröffnet. Das betraf jedoch nicht das Frühstück. Auch die Bar hatte geöffnet.

Check-in: 14:00
Check-out: 11:00

Magdeburger Str. 1A, 01067 Dresden, Tel. 0351 486 700
E-Mail: info.dresden@leonardo-hotels.com
Reservierungen:
reservations.dresden@leonardo-hotels.com
Internetseite:
https://www.leonardo-hotels.de/dresden/leonardo-hotel-dresden-altstadt?utm_source=gmb&utm_medium=link_site_gmb&utm_campaign=leonardo-hotel-dresden-altstadt

7 Zimmer

8 Bad

4.   Sehenswürdigkeiten
4.1.   Frauenkirche

Die Kirche kann kostenlos besichtigt werden, sofern nicht
gerade ein Gottesdienst oder eine sonstige Veranstaltung
stattfindet (Eingang D).
Der anstrengende Aufstieg zur Kuppel vom nordöstlichen
Eingang G aus kostet zwar Geld, aber durch die zentrale
Lage des Gebäudes hat man einen wunderschönen
rundum Überblick über die Stadt und die Elbe und kann
sagenhafte Fotos auf der Aussichtsplattform in 67 m Höhe
schießen. Man sollte jedoch unbedingt körperlich fit sein.
Die Kuppel besteht aus 12.300 Tonnen Sandstein.
Kuppelaufstieg   10,--   EUR,   ermäßigt   5,--   EUR

9 Frauenkirche Außenansicht

10 Altar

11 Krypta 1

12 Krypta 2

13 Kuppel

4.2.   Zwinger

Dieses barocke Bauwerk wurde 1709 – 1732 von Matthäus Daniel Pöppelmann erschaffen.

Der spätmittelalterliche Begriff „Zwinger" kommt aus der Festungsbaukunst und beschreibt den Freiraum zwischen der inneren und äußeren Wehrmauer, in dem der Feind aufgehalten werden musste, um eine Eroberung der Stadt zu verhindern.

Besonders schön ist der Glockenspielpavillon auf der südlichen Seite an der Sophienstraße, in dem sich das 24 Melodien umfassende Glockenspiel befindet. Direkt gegenüber befindet sich der Wallpavillon mit dem daneben liegenden Nymphenbad, in dem Wasserspiele bewundert werden können.

Ein weiteres oft verwendetes Fotomotiv ist das Kronentor, mit seiner durch vier vergoldete Adler getragene Krone. Diese ist ein Hinweis auf die polnische Königswürde von August dem Starken. Es liegt auf der Seite an der Ostra-Allee oben auf dem äußeren Rundgang der Zwingerbalustrade (Bild 26).

Hundert Jahre später wurde die zur Elbe liegende Seite von Gottfried Semper durch das Neorenaissancegebäude geschlossen. Hier finden Sie heute die Gemäldegalerie „Alte Meister". Der Zugang erfolgt über den Theaterplatz, an dem sich auch die Semper Oper befindet.
Sie erreichen den Theaterplatz mit den Straßenbahnlinien 4, 8 und 9.

14 Innenhof 116 x 204 Meter mit Brunnen

15 weitere Ansicht des Innenhofes

16 südlicher Innenhof mit Glockenspiel auf der rechten Seite

17 rechts zu sehen das Kronentor; im Vordergrund der Zwingergraben

4.3. Das historische grüne Gewölbe

Aufgrund der Corona Pandemie (Stand 2021) bekommt man ein Zeitfenster für den Eintritt zugeteilt und es ist jeweils nur eine begrenzte Anzahl an Tickets verfügbar.
Eintritt 14,-- EUR online Ticket buchbar über https://shop.skd.museum/index.php/korona/?theme=-1533230,
 Infos: www.skd.museum/besuch/residenzschloss/,
Taschenberg 2, Tel. 0351 – 4914 200-0, besucherservice@skd.museum

18 Kostbarkeiten im historischen grünen Gewölbe

4.4. Residenzschloss inkl. neues grüne Gewölbe

Der ehemalige Sitz der sächsischen Kurfürsten und Könige wurde im zweiten Weltkrieg weitgehend zerstört und bis vor wenigen Jahren wieder aufgebaut. Hier befindet sich nun der wesentliche Teil der staatlichen Kunstsammlungen und die Rüstkammer ist mittlerweile vom Zwinger hierher umgezogen. Auch die Schätze des grünen Gewölbes, sofern noch nicht gestohlen, können hier bewundert werden.
Eintritt 14,-- EUR, online Ticket buchbar über https://shop.skd.museum/eintrittskarten/residenzschloss. html, Infos: www.skd.museum/besuch/residenzschloss/, Taschenberg 2, Tel. 0351 – 4914 200-0, besucherservice@skd.museum

19 Außenansicht Residenzschloss

20

21

4.5.   Semperoper

Die sächsische Staatsoper wird allgemein nach ihrem Erbauer Gottfried Semper benannt. Sie ist bereits das dritte Gebäude von ihm an dieser Stelle, nachdem das erste (erbaut 1828 – 1841) durch einen Brand und das zweite (erbaut 1871 – 1878) im Rahmen des 2. Weltkrieges zerstört wurden. Die letzte Version wurde erst 1985 wieder eröffnet und ist eine Rekonstruktion des zweiten Baus.

Im Rahmen des Elbhochwassers 2002 wurden die unteren Räume der Semperoper geflutet und die im Keller verbaute Technik schwer beschädigt. Man hat daraus gelernt und diese nun in höheren Etagen verbaut.

Theaterplatz, Straßenbahnlinien 4, 8 und 9, www.semperoper.de

Selbst für Nicht-Opern-Fans lohnt ein Besuch dieses wunderschönen Gebäudes mit der pompösen Ausstattung. Es finden Führungen statt, die für 13 EUR zuzüglich einer Fotolizenz von 3 EUR gebucht werden können. Entweder online auf http://www.semperoper-erlben.de, telefonisch unter 0351 – 3207 360 oder persönlich in der Vorverkaufsstelle in der Schinkelwache am Theaterplatz 2.

22 Frontalansicht Semperoper

23 Treppenaufgang innen

24 Gang oberes Stockwerk

25 Zuschauerraum

4.6.　　　Brühlsche Terrasse

Die Brühlsche Terrasse mit ihrem Panoramablick über die Elbe auf die Neustadt wird nicht umsonst „Balkon Europas" genannt. Sie erstreckt sich über eine Länge von 500 m und ist dabei bis zu 200 m breit. Den Namen hat sie von Minister Heinrich Graf von Brühl erhalten.

26　Brühlsche Terrasse

27　Panoramablick von der Terrasse

4.7. Militärhistorisches Museum Dresden

Die Bundeswehr betreibt in Dresden Europas größtes Militärmuseum. Es besitzt rund 1,5 Millionen Exponate, die 600 Jahre deutsche und internationale Militärgeschichte erzählen. Hierzu werden eine umfangreiche Dauerausstellung sowie verschiedene Sonderausstellungen präsentiert.

Die Architektur des Gebäudes mit seinem keilförmigen Neubau wurde von dem amerikanischen Architekten Daniel Libeskind gestaltet. Laut Museum ist damit folgende Aussage verbunden: „Der Neubau wird zum Gewaltinstrument, der den Altbau in zwei Hälften zerschneidet, er wird zum Stachel, zum Zeichen von Krieg und Schmerz. Zum Kontrapunkt des Arsenals, der Krieg nicht anerkennt, sondern in Frage stellt." (Quelle: Internetseite des Museums; siehe hierzu auch Foto Nr. 12 von Stefan Wahle)

Sehr beeindruckend ist auch der Außenplatz am Gebäude, auf dem Panzer der DDR und aktuellere Modelle der Bundeswehr hautnah in Augenschein genommen werden können.

Nach eigener Aussage des Museums stehen im Zentrum der Ausstellungen der Mensch und die Frage nach den Ursachen und Folgen von Krieg und Gewalt.

Olbrichtplatz 2, 01099 Dresden, erreichbar mit den Straßenbahnlinien 7 und 8 bis Stauffenbergallee, https://www.mhmbw.de, Tel. 0351 - 823 2850, E-Mail: mhmeingang@bundeswehr.org

28 Außenansicht Museumsgebäude

29 Militärfahrzeuge auf dem Außenplatz rund um das Museum

4.8. Pfunds Molkerei

Der von Paul Gustav und seinem Bruder Friedrich Pfund 1892 eröffnete „Milchladen" beeindruckt den Betrachter durch seine mehr als 3.500 handbemalten Wand- und Deckenfliesen im Jugendstil von der Firma Villeroy & Boch. Damals konnte man sogar durch ein Fenster beim Melken der Kühe zuschauen. Die Brüder waren die Ersten, die in Deutschland Kondensmilch herstellten.

Nach dem Ende der DDR wurde das verfallene Geschäft liebevoll wieder aufgebaut.
Sie erhalten hier nicht nur 120 verschiedene Käsesorten, sondern auch das ein oder andere Mitbringsel für die Lieben zuhause von der Milchseife über besondere Süßigkeiten bis hin zum Kühlschrankmagneten.

Die beste Zeit für Fotoshootings ist kurz vor Ladenschluss, wenn es nicht mehr so voll ist. Seien Sie bitte aber auch so nett und kaufen etwas, denn davon lebt der Laden und kann so in Zukunft weiter bestehen und besichtigt werden.

Bautzner Str. 79, erreichbar mit der Straßenbahn Linie 11 bis Pulsnitzer Str. oder mit dem Hop-on Hop-off Sightseeing-Bus bis Haltestelle 18.
Öffnungszeiten: Mo – Sa von 10 – 18 Uhr
https://www.pfunds.de, Tel. 0351 - 80 80 80
E-Mail: info@pfunds.de

Es gibt auch einen Online-Shop: www.pfunds-shop.de, Tel. 0351 - 80 80 811, E-Mail: shop@pfunds.de

30

31

32 Wandkacheln Molkerei

33 Deckenverzierungen Molkerei

4.9.　Bezirksverwaltung Staatssicherheit

Der Rundgang beginnt durch das bedrückend beeindruckende sowjetische Kellergefängnis, dass von 1945-1953 aktiv war. Dort waren zunächst Nazi- und Kriegsverbrecher inhaftiert. Später kamen auch aktuelle Regimekritiker hinzu.

1953 wurde der Komplex an das Ministerium für Staatssicherheit der DDR übergeben, die das Ganze noch weiter als Stasi-Bezirksverwaltung mit einer eigenen Untersuchungshaftanstalt mit 44 Haftzellen ausbauten. Ich war zu Coronazeiten vor Ort und war der einzige Besucher. Die mehrstöckige Haftanstalt im Originalzustand ist beeindruckend und angsteinflößend zugleich.

Zur Dresdner Bezirksverwaltung gehörten im Jahre 1989 30 Diensteinheiten mit 3.500 hauptamtlichen Mitarbeitern. Generalmajor Horst Böhm war der letzte Leiter der Bezirksverwaltung und sein Büro kann noch heute besichtigt werden. Böhm beging nach dem Fall der Mauer und Verlust seiner Macht am 21.02.1990 im Alter von 52 Jahren Selbstmord.

Heute wird die Gedenkstätte durch den Verein „Erkenntnis durch Erinnerung e.V." getragen.
Eintritt 6,--, für Schwerbehinderte 4,-- EUR;
Bautzner Str. 112a, erreichbar mit der Straßenbahn Linie 11 bis Angelikastr.
Tel. 0351 – 646 5454, E-Mail: info@denk-mal-dresden.de,
Internetseite: http://www.stasihaft-dresden.de

34 Gefängnisblock

35 Büro von Generalmajor Horst Böhm

4.10. Verkehrsmuseum

Dieses Museum beschäftigt sich mit der historischen Entwicklung des Verkehrs, lehrreich für Kinder und spannend für technikinteressierte Erwachsene dargestellt. Unter anderem können alte Autos, Straßenbahnen und Eisenbahnloks bewundert und teilweise bestiegen werden.

Eintritt 11,--, Schwerbehinderte 5,--;
Augustusstr. 1, erreichbar mit Straßenbahnlinien 1, 2, 4 bis Altmarkt, http://www.verkehrsmuseum-dresden.de

36

37

38

4.11.   Technische Sammlungen

Hierbei handelt es sich um ein Museum für Wissenschaft und Technik. Wer sich für die Geschichte der Fotografie, des Films, des Computers und sonstiger Medientechnik interessiert, ist hier genau richtig. Für Kinder und Jugendliche werden spezielle Programme angeboten.
Es war kaum Publikum da, als ich das Museum besuchte. Ich persönlich fand es insgesamt nicht so interessant, außer den Aussichtsturm mit einem genialen Blick über die Stadt. In dem Turm existiert auch ein Café, das 2021 jedoch aufgrund der Corona Pandemie geschlossen war.
Eintritt normal   5 EUR, Schwerbehinderte 2,50 EUR
Junghansstr. 1-3, erreichbar mit Straßenbahn Linien 4 und 10 bis Haltestelle Pohlandplatz, http://www.tsd.de, service@tsd.de, Tel. 0351 – 488 7272

39

40

41

4.12.   Kreuzkirche

Die Kreuzkirche entstand in ihrer jetzigen Form 1764 bis 1792 und ist mit ihren 3.600 Plätzen eine der größten evangelischen Kirchengebäude in Deutschland. Sie ist die Predigtkirche des Landesbischofs der ev.-luth. Landeskirche Sachsens.
Ein schöner und lohnenswerter Ausblick ergibt sich vom 91 Meter hohen Kirchturm aus, der 1788 vollendet wurde; Eintritt für den Turm 4,-- EUR;
Evangelisch-Lutherische Kreuzkirchgemeinde Dresden, An der Kreuzkirche 6, www.kreuzkirche-dresden.de, Tel. 0351 – 4393 920, Straßenbahnen 1, 2 und 4 bis Haltestelle Altmarkt

42 Glocke im Kirchturm der Kreuzkirche

43 Haupteingang Kreuzkirche

44 Rückseite Kreuzkirche

4.13.   Markthalle Dresden

Die Markthalle Dresden im Stil der Zeit um 1900 liegt in der Neustadt. Es gibt dort 15 Händler und Sie können eine Stunde kostenfrei parken. WLAN ist ebenso gratis verfügbar.
Öffnungszeiten: Mo – Sa von 8 bis 20 Uhr, die Öffnungszeiten der einzelnen Händler können individuell abweichen.
Metzer Straße 1, erreichbar mit der Straßenbahnlinie 9 bis Neustädter Markt.
Tel. 0351 – 810 5445, http://www.markthalle-dresden.de, www.facebook.com/markthalle.dresden

45 Innenansicht der Markthalle

4.14. Viba Sweets

Hierbei handelt es sich eigentlich um ein Geschäft für Süßwaren, insbesondere mit dem Schwerpunkt Nougat. Mitten im Geschäft werden Kurse für Schokoladenbearbeitung gegeben. Das hat einen gewissen Unterhaltungswert und man kann dort Mitbringsel für die Lieben zuhause erwerben. Immer wenn ich in Dresden bin, versäume ich es nicht, dieses Geschäfts zu besuchen.

In der Altmarkt-Galerie, Altmarkt 25, erreichbar mit den Linien 1, 2 und 4, www.viba-sweets.de, info@viba-sweets.de, Tel. 0351 – 486 7930
Zum Online-Shop geht es hier: https://www.viba-shop.de

46 Innenraum Viba Sweets in der Altmarkt-Galerie

4.15.   Deutsches Hygiene-Museum

Das 1912 auf eine Initiative des Dresdner Industriellen und Odol-Fabrikanten Karl August Lingner (1861-1916) gegründete Deutsche Hygiene-Museum beschäftigt sich mit dem menschlichen Körper und diesbezüglichen unterschiedlichen Themenbereichen, wie z.B. „Der gläserne Mensch", Sexualität und Ernährung. Hinzu kommen aktuelle Sonderausstellungen, die sich mit sozial relevanten Fragestellungen aus Wissenschaft, Gesellschaft, Kunst und Kultur auseinandersetzen.

Öffnungszeiten: Di – So und Feiertage von 10 – 18 Uhr; Eintritt: Erwachsene 10 EUR, ermäßigt 5 EUR. Lingnerplatz 1, erreichbar mit den Straßenbahnen 1, 2, 4 und 12 bis Haltestelle „Deutsches Hygiene-Museum", http://www.dhmd.de, Tel. 0351 - 4846 400, E-Mail: service@dhmd.de

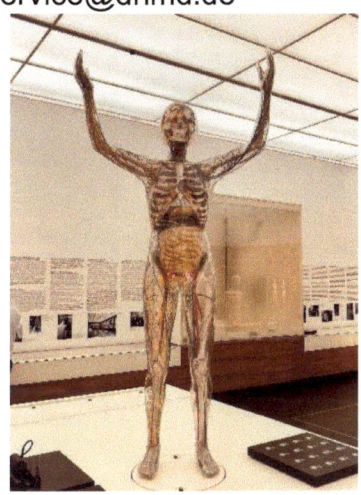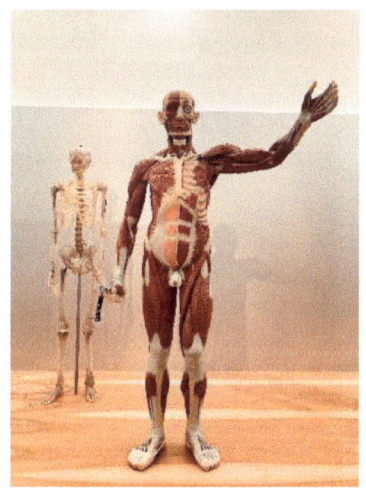

47 „Der gläserne Mensch"   48

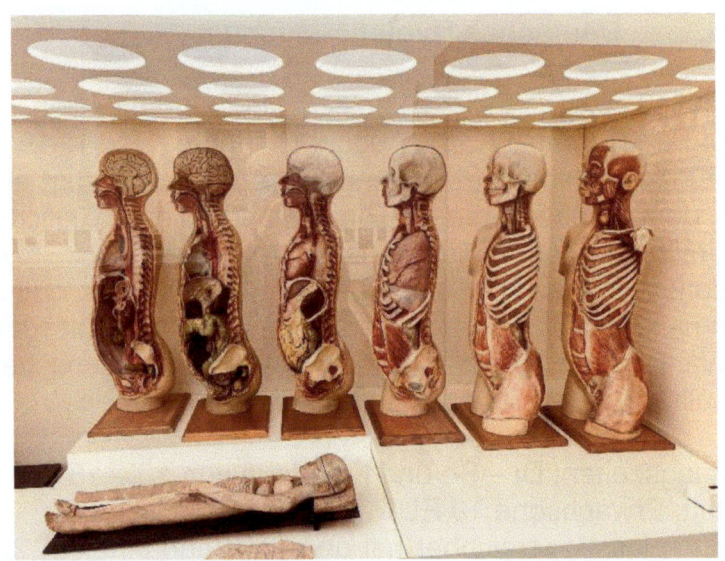

49 Körpermodelle

50 Eiserne Lunge

4.16.　　Kathedrale St. Trinitatis

Die katholische Kathedrale des Bistums Dresden-Meißen wurde 1739 – 1751 unter Kurfürst Friedrich August II. von Sachsen von Architekt Gaetano Chiaveri im Barock-Stil erbaut und umfasst eine Grundfläche von 4793 qm. Die Gruft, in der die katholischen Mitglieder des kurfürstlichen, später königlichen Hauses Wettin beigesetzt sind, ist nur im Rahmen von Führungen zugänglich. Auch die Kapsel mit dem Herzen August des Starken wird hier aufbewahrt.

Schloßstraße 24, 01067 Dresden, Tel. 0351 – 3156 3138, www.bistum-dresden-meissen.de/wir-sind/kathedrale, erreichbar mit den Straßenbahnen 4,8,9,11 bis Theaterplatz.

51 Außenansicht der Kathedrale von der Seite Theaterplatz

52 Altar

53 Orgel

54 Gruft

55 Gruft

4.17. Standseilbahn und Schwebebahn

Die Dresdner Bergbahnen wurden um 1900 gebaut. Es handelt es sich um eine Standseilbahn und eine Hängebahn, die beide im fahrerlosen Pendelbetrieb verkehren und den Loschwitzer Elbhang überwinden. Die Bergbahnen gelten als „Sonderverkehrsmittel" und haben abweichende Tarifregelungen. Sie fahren mit Ihrer gültigen Tages- oder Familientageskarte der DVB zum ermäßigten Bergbahn-Ticketpreis.
Ansonsten gelten folgende Preise für eine einfache Fahrt:

- erwachsene Person 4,00 €,
- ermäßigte Person 2,50 € ,
- Familie 10,00 €.

Nehmen Sie die Straßenbahn Linie 11 Richtung Bühlau bis Haltestelle Dresden Plattleite. Von da aus ist die Station der Standseilbahn ausgeschildert. Fahren Sie runter ins Tal zum Körnerplatz, gehen ein Paar Meter bis zur Station der Schwebebahn und fahren wieder nach oben. Von dort aus war uns der Weg zu Fuß zurück zur Straßenbahn zu weit und so sind wir wieder mit der Schwebebahn nach unten und mit der Standseilbahn hoch gehfahren. Man kann aber auch im Tal die Brücke „Blaues Wunder" (Loschwitzer Brücke) zu Fuß überqueren und auf der anderen Seite der Elbe am Schillerplatz die Straßenbahnlinien 6 und 12 Richtung Innenstadt zurück benutzen.

Mehr Informationen unter:
https://www.dresdner-bergbahnen.de oder
https://www.dvb.de/de-de/entdecken/bergbahnen

56 Standseilbahn

57 Schwebebahn

58 oberer Bahnhof der Standseilbahn

59 Brücke „Blaues Wunder" im Tal

4.18. Elbschlösser

Die Elbschlösser, auch unter der Bezeichnung Albrechtsschlösser bekannt, liegen oberhalb der Elbe und in einem von ihnen befindet sich ein Café mit einem wunderbaren Ausblick. Der Begriff „Albrechtsschlösser" rührt von der Entstehung der beiden Gebäude Schloss Albrechtsberg und Lingnerschloss her, die im Auftrag von Albrecht von Preußen errichtet wurden.

Zu den drei Elbschlössern am Dresdner Elbhang (im Stadtbezirk Loschwitz) gehören:
- Schloss Albrechtsberg, Feier- und Tagungsstätte
- Lingnerschloss (offiziell Villa Stockhausen) mit Café
- Schloss Eckberg (ehemals Villa Souchay; heute Hotel und Restaurant)

Sie entstanden im Zeitraum 1850–1861 auf dem Gelände des vormaligen Findlaterschen Weinbergs. Die Schlösser verfügen über ausgedehnte Parkanlagen im englischen Stil und sind tagsüber frei zugänglich.

Erreichbar von der Innenstadt mit der Straßenbahn Linie 11 Richtung Bühlau bis Haltestelle Elbschlösser oder mit dem Sightseeing-Bus (www.stadtrundfahrt.de).

Mehr Informationen:
https://www.schloss-albrechtsberg.de
http://www.lingnerschloss.de
http://www.schloss-eckberg.de

60 Elbschloss mit Café (Lingnerschloss)

61 Blick von der Terrasse über das Elbtal

4.19.   Festung Dresden

Von der Brühlschen Terrasse vom Brühlschen Garten aus, fährt man mit dem Fahrstuhl (gegenüber Lipsiusbau) in dem dort befindlichen silberfarbenen Würfel mit der Aufschrift „Festung Dresden" nach unten in die Tiefe. Nach passieren des Kassenbereiches erhält man einen Audio Guide, der einen durch das Dunkel der Katakomben und den dort befindlichen Videoinstallationen leitet. Man fühlt sich in das Mittelalter und das beklemmende Festungsleben zurückversetzt.
Eintritt:
Vollzahler: 10 EUR,
Ermäßigter Eintritt für Schwerbehinderte: 8 EUR
Brühlsche Terrasse, Terrassenufer
http://www.dresden-xperience.de,
E-Mail: festung.dresden@schloesserland-sachsen.de,
Telefon: 0351-4383 70 357

62 Fahrstuhl Br. Terrasse   63 Blick i. d. Festung v. d. Terrasse

4.20.   Zoo Dresden, Großer Garten

Der Zoo Dresden wurde 1861 gegründet und ist damit der viertälteste Zoo in Deutschland. Er ist 13 ha groß und sein Direktor ist seit 2003 Karl-Heinz Ukena. Schwerpunktmäßig werden Tiere aus dem asiatischen Raum und europäische Vögel präsentiert. Ein Highlight für mich persönlich waren die putzigen Erdmännchen, die freudig spielend durch ihr Gehege tobten, sowie die Pinguine, die man beim Schwimmen und Tauchen auch unter Wasser beobachten konnte.
Wenn man nach dem Besuch den Zoo durch den Hinterausgang verlässt, kann man direkt von dort mit der Parkeisenbahn auf 5,6 Kilometer während der Fahrsaison April bis Oktober durch den großen Garten fahren. Die Rundfahrt dauert 36 Minuten und es gibt 5 Haltestellen. Die Züge fahren auf einer Spurweite von 15 Zoll mit einer Höchstgeschwindigkeit von 20 km/h und verfügen über 4 Lokomotiven (2 elektrische und 2 mit Dampf betriebene).

Eintritt: 16 EUR, ermäßigt 11; Tiergartenstraße, http://www.zoo-dresden.de; Straßenbahnen 9+13 bis Zoo

64 Eingang Zoo   65 Parkeisenbahn Lok, Haltest. Zoo

4.21.   Stadtmuseum Dresden

Am interessantesten fand ich persönlich den 4. Stock, in dem die Geschichte Dresdens mit vielen spannenden Ausstellungsstücken   vermittelt   wird.   Thematische Überschrift für den 4. Stock: „Der Aufstieg Dresdens".
Im 3. Stock finden Sie: „Die Stadt der Bürger", mit der Geschichte der DDR und der Wende. Im 2. Stock gibt es bei Bedarf Sonderausstellungen und im 1. Stock befindet sich die städtische Galerie Dresden, für die ein Aufpreis berechnet wird.
Eintritt Kombiticket zusammen mit der Ausstellung städtische Galerie im Hause: 8 EUR, ermäßigt 6;
ohne Galerie: 5 EUR, ermäßigt 4 EUR.
Wilsdruffer Str. 2 (Eingang Landhausstraße), Telefon: 0351 – 488 73 – 70 oder -73, http://www.stmd.de,

66 Stadtmodell im 4. Stock   67 Scharfrichterschwert

4.22.   Albertinum

Das Albertinum ist für alle diejenigen interessant, die sich für Skulpturen und Malerei interessieren.

Eintritt: 12 EUR
Ermäßigter Eintritt für Schwerbehinderte: 9 EUR; barrierefreier Zugang über Georg-Treu-Platz.

Tzschirnerplatz 2, Telefon Besucherservice: 0351 – 4914 2000,   E-Mail: besucherservice@skd.museum, http://www.skd.museum

Zu erreichen über die Haltestelle Pirnaischer Platz mit den Straßenbahnlinien 1, 2, 3, 4, 7.

68 Ausstellungsraum Albertinum

4.23. Sonstige Sehenswürdigkeiten

69 Fürstenzug, Augustusstraße 1

70 Goldener Reiter,
   Neustädter Markt 14

71 Stallhof, beim Residenzschloss

5. Lokale

Alte Münze Steakhouse
Dieses Lokal gehört zum Hilton Hotel. Hier gibt es leckere Steaks und die hausgemachte Limonade für 3,90 EUR. Ich kann das Schweinefilet „Sachsenglück" (180 g) für 11,50 EUR empfehlen.
Münzgasse 5, www.restaurants-muenzgasse.de,
Tel. 0351 – 8642 820,
www.facebook.com/SteakhouseAlteMuenze

Ayers Rock, australische Spezialitäten
Hier kann man Steaks vom Känguru, Strauß und Krokodil probieren. Ich habe mir ein Känguru-Steak für 20 EUR gegönnt und es nicht bereut! Es gibt auch einen gemischten Teller für 27 EUR, den ich das nächste Mal probieren werde.
Münzgasse 8, Telefon: 0351 – 490 1188

Bistro Ecke Frauenkirche
Das Bistro liegt gegenüber der Frauenkirche und man hat den gesamten Platz gut im Blick und kann bei einem leckeren Milchkaffee für 4,50 EUR dem bunten Treiben folgen.
Der Cheeseburger für 15,50 wird mit qualitativ hochwertigem Rindfleisch selber in der Küche des Hilton zubereitet und zusammen mit Pommes serviert. Der Hähnchenburger für 14,50 EUR wird mit zwei Stücken Fleisch angerichtet. Beilage sind auch hier wieder normale Pommes oder Süßkartoffel Pommes.

Sehr zu empfehlen ist auch die selbstgemachte Limonade mit echten Früchten und vollem Geschmack (0,4 l) für 5,20 EUR.
An der Frauenkirche 5, http://www.restaurants-muenzgasse.de, Tel. 0351 – 8642 832, www.facebook.com/BistroBarEckeFrauenkirche

edelweiss Alpenrestaurant
Ich habe den Almburger mit Krustenbraten für 15,60 EUR probiert. Mal etwas anderes...
Die Innenräume sind zünftig im Berghütten-Look. Auf der Terrasse sitzend blickt man auf die Frauenkirche.
An der Frauenkirche 7, http://www.edelweiss.dresden.de, Telefon: 0351 – 498 9836

Eiscafé Venezia
Top Lage, sehen und gesehen werden! Dazu leckeres Eis in allen Variationen!
Direkt am goldenen Reiter in der Neustadt
Hauptstr. 2a

Las Tapas
Spanisches Lokal am Hilton in der Nähe der Frauenkirche, sehr beliebt, daher sollten Sie für abends dringend vorher reservieren;
Münzgasse 4, www.las-tapas.de, Tel. 0351 – 4960 108

Sophienkeller im Taschenbergpalais
Dieses Lokal mit einem sehr schönen Außenbereich liegt direkt neben dem von Semper entworfenen „Pestbrunnen" von 1846 gegenüber dem Zwinger. Hier gibt es z. B. einen üppigen Salat mit gebratenen

Hähnchenstreifen für 14,50 oder den von uns getesteten sächsischen Sauerbraten mit Knödel und Rotkohl für 18,90 EUR.

Tapas Bar Königstr. 3
Dieses spanische Lokal befindet sich in einem wunderschönen Hinterhof in der Königstr. 3 in der Neustadt in der Nähe des japanischen Palais. Wer spanische Tapas mag, ist hier genau richtig.

Yenidze Kuppelrestaurant
Restaurant in dem wie eine Moschee anmutenden Gebäude mit dem höchsten Biergarten von Dresden. Hier befand sich einmal eine Tabakfabrik. Das Kuppelrestaurant und das Theater mit Sonderveranstaltungen befinden sich im 7. Stock, das kleine Restaurant mit dem Außen-Biergarten mit Blick über Dresden im 6. Stock.
Weißeritzstr. 3, www.kuppelrestaurant.de, Tel. 0351 – 4905 990, tgl. 12 – 22.30 Uhr geöffnet,
erreichbar mit den Straßenbahnlinien 1, 2, 6 und 10.

72 Kuppelrestaurant

73 Biergarten im 6. Stock

6.   Ausflüge / Touren
6.1.   Nachtwächtertour

Offensichtlich gibt es nach Sonnenuntergang diverse Nachtwächtertouren, wie ich vor Ort beobachten konnte.

Ich habe meine Tour für 15,50 EUR über booking.com gebucht. Sie dauerte 1,5 Stunden und startete um 21.00 Uhr am König Johann Denkmal vor der Semper Oper auf dem Theaterplatz.

Nach 50 Minuten waren wir gerade mal bis zum daneben liegenden Zwinger gekommen. Die Tour endete an der Frauenkirche. Irgendwie hatte ich mir eine längere Laufstrecke vorgestellt, um noch unbekannte Ecken und dunkle Winkel der Stadt kennenzulernen. Stattdessen wurde die meiste Zeit herumgestanden und dem ausführlichen Vortrag des Wächters zugehört. Für meinen Rücken war das nichts!

Wer jedoch nicht so viel laufen möchte und gerne ausführlichen geschichtlichen Schilderungen folgt, der ist bei der Tour genau richtig.

74

6.2.   Sightseeing-Bus

Für 20 EUR kann man eine ca. 90-minütige Stadtrundfahrt mit dem Doppeldecker-Bus absolvieren. Es werden 22 Stationen angefahren, an denen man jederzeit ein- und aussteigen kann. Der Bus verkehrt zwischen 10 und 17 Uhr alle 30 Minuten und das Ticket gilt den ganzen Tag über. Mit Aufpreis sind diverse Zusatzausflugspakete buchbar.

www.stadtrundfahrt.de; erste Station inkl. Ticketverkauf am Zwinger/Postplatz;
info@stadtrundfahrt.de, Tel. 0351 899 56 50

75 Bus an der Starthaltestelle am Zwinger